COLECCIÓN
REPORTEROS LECTORES

Emocionantes historias
para leer y escuchar

EL GOL
DE SU VIDA

AF235202

I. P. Zúñiga

A1

EL GOL DE SU VIDA

Autor
I. P. Zúñiga

Coordinación editorial
Pablo Garrido, Núria Murillo, Carolina Domínguez

Edición y traducción
Lexware

Corrección ortotipográfica
Pablo Sánchez

Revisión lingüística
Fernanda Oyarvide

Diseño de cubierta
Oscar García Ortega, Pablo Garrido

Diseño
Elisenda Galindo

Maquetación
Joan Redolad (redoble.studio)

Ilustración
Ernesto Rodríguez

Fotografías
p. 66 iiievgeniy/istockphoto.com; PRUDENCIOALVAREZ/istockphoto.com, m-imagephotography/istockphoto.com; **p. 75** David Ramos/gettyimages.com

© Difusión, Centro de Investigación y Publicaciones de Idiomas, S. L. Barcelona, 2025

ISBN: 978-84-1157-365-8

C/ Trafalgar, 10, entlo. 1ª
08010 Barcelona
Tel. (+34) 93 268 03 00
Fax (+34) 93 310 33 40
editorial@difusion.com

www.difusion.com

MIXTO
Papel | Apoyando la
silvicultura responsable
FSC® C125125

ÍNDICE

UNA NIÑA FUTBOLISTA

Es verano en Chiapas (México). Es mediodía, está despejado[1], hace sol y hace mucho calor[2]: ¡treinta grados[3]! En el campo de futbol[4]* hay catorce jugadores: trece niños y una niña.

La niña se llama Iza, tiene diez años y está jugando en el equipo[5] de futbol de su hermano y de sus primos. Su hermano, Julián, tiene once años; su primo[6] Carlos, diez; y su primo Rodrigo, once. Es la hora del entrenamiento[7] y todos corren y se mueven muy rápido. También Iza. Es muy rápida y ágil. Hoy es su primer día en el equipo. No es fácil ser la única chica, y sabe que tiene que esforzarse[8].

Iza tiene un talento natural para el futbol. Su apodo es "Goliza[9]" porque marca[10] muchos goles cuando juega con su hermano, sus primos y los niños de su escuela.

---

* En México, la palabra "futbol" no lleva tilde. En otros países se escribe "fútbol".

—Ja, ja, ja. ¡Llevas medias[11] rosas! —le dice un niño a Iza—. ¡Los futbolistas no llevan medias rosas!

—¡Yo, sí! —dice Iza—. ¡A mí me gusta el rosa! Es mi color favorito.

Pasan las dos horas de entrenamiento. Es el momento de volver a casa.

—¿Quieren agua? —pregunta el entrenador.
—¡Sí, muchas gracias! —dice Julián.

Iza, Julián y sus primos tienen mucho calor. Están agotados[12].

—Su hija es muy rápida —le dice el entrenador a la mamá de Iza—. Y es superágil. ¡Corre y juega como los niños!

Diez minutos más tarde están todos en el coche.

—Mamá, no me gusta jugar con niños —dice Iza—. Quiero jugar con niñas. ¿Por qué no hay equipos de niñas aquí?

—Iza, tú sabes que no hay un equipo de niñas en el pueblo. Las niñas normalmente van a la gimnasia.

—A mí no me gusta la gimnasia. ¡Quiero jugar futbol! ¡Me gusta el futbol! Soy rápida y juego muy bien. ¡El entrenador[13] dice que soy buena!

—Eso está muy bien —responde su mamá, y piensa: "Qué bueno. Iza es una niña que sabe lo que quiere. Quiero verla feliz".

—Hay niños muy maleducados[14] en el equipo, mamá —dice Julián, que adora a Iza y quiere verla feliz—. No respetan a Iza y le dicen que los jugadores de futbol no llevan medias rosas. Pero yo creo que están celosos[15] porque saben que Iza es especial y que juega muy bien.

—Sí, es verdad. ¡Juegas muy bien, Iza! —dice Carlos.

—¡Sí, están celosos! —dice Rodrigo.

—¿Qué piensas tú, Iza? —pregunta su mamá.

—¡El rosa es mi color favorito! —contesta ella.

Para una niña de diez años, Iza es muy valiente[16] y sabe defenderse[17] bien. Tiene que ser valiente en este equipo de niños.

—Tengo una idea, pero tenemos que hablar con tu papá —dice la mamá de Iza—. Ahora tienes que entrenar en el equipo de niños, pero… creo que hay una solución.

—¿¿Cuál es la solución?? —pregunta Iza, muy interesada.

Su mamá no dice nada porque es un secreto. Hay una posible oportunidad para Iza, pero tiene que ser paciente.

ACTIVIDADES
CAPÍTULO 1

(1)

Marca la respuesta correcta (✓) para cada pregunta.

1. ¿De dónde es Iza?
   a. De Argentina. ☐
   b. De los Estados Unidos. ☐
   c. De México. ☐

2. ¿En qué estado de México vive?
   a. En Chiapas. ☐
   b. En Veracruz. ☐
   c. En Distrito Federal. ☐

3. ¿Cuántos años tiene?
   a. Tiene nueve años. ☐
   b. Tiene diez años. ☐
   c. Tiene once años. ☐

4. ¿Qué deporte practica?
   a. El *ballet*. ☐
   b. La gimnasia. ☐
   c. El futbol. ☐

5. ¿Cuántas niñas hay en el equipo?
   a. Dos. ☐
   b. Tres. ☐
   c. Una, Iza. ☐

6. **¿Quién es Julián?**
    a. El entrenador de Iza. ☐
    b. El hermano de Iza. ☐
    c. El primo de Iza. ☐

7. **¿Quiénes son Carlos y Rodrigo?**
    a. Los hermanos de Iza. ☐
    b. Los primos de Iza. ☐
    c. Los entrenadores de Iza. ☐

8. **¿Cuál es el color favorito de Iza?**
    a. El rojo. ☐
    b. El rosa. ☐
    c. El azul. ☐

9. **¿Qué deporte no le gusta a Iza?**
    a. El futbol. ☐
    b. La gimnasia. ☐
    c. El béisbol. ☐

10. **¿Por qué se ríen de Iza los chicos del equipo?**
    a. Porque lleva medias rosas. ☐
    b. Porque no lleva medias. ☐
    c. Porque no juega bien al futbol. ☐

11. **¿Cómo es Iza? Marca las opciones correctas.**
    a. Ágil. ☐
    b. Maleducada. ☐
    c. Valiente. ☐
    d. Rápida. ☐
    e. Celosa. ☐

12. **¿Qué significa que Iza tiene "un talento natural" para el futbol?**
    a. Que Iza tiene una gran habilidad para jugar al futbol, lo hace muy bien. ☐
    b. Que a Iza le gusta mucho el futbol. ☐

2

LA OPORTUNIDAD DE IZA

Hoy es el cumpleaños[1] de Iza. Es veinte de agosto y cumple trece años. Está jugando al futbol en el patio[2] de su casa con dos amigas. Una se llama Pili, y la otra, Ximena.

—¡Iza, tus abuelitos y tus tíos ya están aquí! —dice la mamá de Iza—. ¡A comer!

Iza y sus amigas corren a casa. Cuando entran, Iza ve a sus abuelos[3], a sus tíos y a sus primos. ¡La familia del papá de Iza es muy grande! Tiene dos hermanos: Lupe y Hugo. La tía Lupe vive con su familia en Ciudad de México. El tío Hugo vive cerca de casa de Iza con su mujer Tere, sus hijos Carlos y Rodrigo, y los abuelos.

—¡Feliz cumpleaños[4]! —dicen todos.
—¡Ay, gracias! ¡Qué bonito! —dice Iza, feliz.
—Iza, ¡tenemos una sorpresa de cumpleaños para ti! —dice su tía Lupe.

La abuela abraza[5] a Iza. Quiere mucho a sus nietos.

—¿Qué sorpresa es? ¡Quiero saberla! —dice Iza.

—Tu tía Lupe quiere invitarte a vivir en su casa en la Ciudad de México —dice la abuela.

—Hay un equipo femenino en la Ciudad de México. ¡Puedes vivir en mi casa y entrenar[6] con ellas! ¡Es un gran equipo para jugadoras muy buenas como tú! —dice la tía Lupe.

—¡Oh! —dice Iza nerviosa—. ¿Y cuántos años tienen las jugadoras? ¿Dónde estudian? ¿Voy a vivir en la Ciudad de México? —¡Iza tiene muchas preguntas!

—Las jugadoras tienen tu edad, estudian en diferentes escuelas y, sí, vas a vivir en la Ciudad de México —responde la tía Lupe.

—¿Y Azteca? ¿Puede venir con nosotros? —pregunta Iza.

Azteca es su perro. Iza lo adora. Es un perro muy bueno y cariñoso[7]. Es de color café y blanco, y un poco gordito. A veces juega al futbol con Iza, pero normalmente prefiere dormir.

—Azteca puede vivir con nosotros también —dice la tía Lupe.

—¿Qué opinas, Iza? —pregunta su mamá—. Es una gran oportunidad. Tienes que ser muy responsable, entrenar mucho y trabajar mucho. ¡Hay que tener mucha disciplina y mucha dedicación! ¡Solo las jugadoras muy buenas tienen esta oportunidad… *Such a great opportunity!*

La mamá de Iza es de los Estados Unidos, pero lleva[8] muchos años en México. A veces habla a sus hijos en español y otras veces en inglés. Mezcla[9] mucho los dos idiomas.

—¡Ahora vas a poder jugar con otras niñas! ¡Y con tus medias rosas! —dice Julián, que está muy feliz por su hermana.

—¡Sí! —dice Iza—. ¡Estoy muy contenta!

—¡Guau! ¡Guau! —Azteca también está feliz.

ACTIVIDADES
CAPÍTULO 2

──────────────── **1** ────────────────

Indica si estas afirmaciones son verdaderas (✓) o falsas (✗).

1. El cumpleaños de Iza es el diez de julio. ☐

2. Iza cumple catorce años. ☐

3. Las amigas de Iza se llaman Pili y Guada. ☐

4. La tía Lupe vive en Chiapas. ☐

5. Hugo es el esposo de Tere. ☐

6. Hugo y Tere tienen tres hijos. ☐

7. La abuela de Iza vive con Hugo y Tere. ☐

8. Lupe es la abuela de Iza. ☐

9. Lupe invita a Iza a vivir con ella en Ciudad de México. ☐

10. Iza tiene un perro que se llama Azteca. ☐

11. La mamá de Iza no habla español. ☐

12. Iza acepta la propuesta de la tía Lupe. ☐

2

Corrige las afirmaciones falsas de la actividad 1.

3

Indica cuál de estos resúmenes es el mejor para este capítulo.

a. En la fiesta de cumpleaños de Iza, la tía Lupe propone a Iza ir a vivir con su familia a Ciudad de México y jugar en un equipo de futbol muy bueno solo para chicas. Iza no acepta porque no quiere dejar a su familia.

b. En la fiesta de cumpleaños de Iza, la tía Lupe propone a Iza ir a vivir con su familia a Ciudad de México y jugar en un equipo de futbol muy bueno solo para chicas. Iza acepta.

c. En la fiesta de cumpleaños de Iza, la tía Lupe propone a Iza ir a vivir con su familia a Ciudad de México y jugar en un equipo de futbol muy bueno solo para chicas. Iza no acepta porque su perro Azteca no puede ir con ella.

LA GOLIZA DE IZA

Cinco años más tarde...

—¡Corran! ¡Iza Goliza tiene el balón! —dice la entrenadora del otro equipo—. ¡Va a marcar otro gol!

Iza tiene casi dieciocho años y su equipo está jugando un torneo[1] en California, en los Estados Unidos. Las otras jugadoras también corren en la cancha[2]. Todas están cansadas. El partido de hoy es muy importante porque es un día especial: hay personas muy importantes de la Universidad de California observando. ¡Quieren a dos jugadoras para el equipo de la universidad!

—GOOOOOAAAAALLLLLLL!!! —dice el comentarista.

¡Iza marca otro gol! Seis a cero, a favor de su equipo. ¡Es el tercer gol de Iza! Las personas de la Universidad de California quieren hablar con ella y con la entrenadora.

—¡Qué goliza! ¿Quién es la número veintitrés? —pregunta una de las personas importantes a la entrenadora.

—¡Ah, ella es Iza "Goliza" González!

—¿Iza "Goliza"? Ja, ja, ja. ¡Es un nombre perfecto! ¿Podemos hablar con ella después del partido?

—¡Claro que sí!

Después del partido...

—¡Iza, un señor quiere hablar contigo! ¡Es una persona de la Universidad de California! —dice la entrenadora.

—Hola, mucho gusto[3]. Soy Ricardo Flores. Trabajo con la Universidad de California... ¡Increíble! ¡Qué goliza!

—¡Ah, gracias! Mucho gusto. Yo soy Iza González. —Iza tiene la cara roja y está nerviosa. "¡Qué nervios! Seguro que mi cara se ve roja...", piensa.

—¿Cuántos años tienes, Iza?

—Tengo diecisiete, pero cumplo[4] dieciocho el veinte de agosto.

—Excelente. ¿Y de dónde eres?

—Ah. Pues soy de Chiapas. Mi mamá es estadounidense, pero lleva muchos años en México.

—Y... ¿hablas inglés?

—Sí, hablo inglés con mi mamá y con su familia. Y con la familia de mi papá hablo español y también un poco de tzotzil, que es una lengua de Chiapas, porque mis abuelitos son mayas.

—¡Qué interesante! ¿Y dónde estudias?

—En la Ciudad de México. Vivo allí con mi tía para poder entrenar. Allí voy a una escuela bilingüe, con clases en inglés y en español. Las jugadoras de futbol tenemos que estudiar mucho porque no podemos ir a la escuela cuando hay torneos especiales. Tenemos que ser muy disciplinadas...

—¡Qué bien! Mira, Iza, quiero ofrecerte una oportunidad... Eres una chica muy responsable y tienes mucho talento. ¿Te interesa recibir una beca[5] para estudiar en la Universidad de California? Imagino que eres una muy buena estudiante...

—¡Oh, gracias! ¡Sí! Soy muy responsable con mi educación. Es muy importante para mí y para mi familia.

—¿Qué quieres estudiar?

—Pues... me gustan mucho las relaciones públicas.

—¡Qué bien! En mi opinión, eres una muy buena candidata para nuestro equipo y para nuestra universidad. ¿Te gusta la idea?

—¡Sí! ¡Es una oportunidad increíble! Pero... tengo que hablar con mis papás.

Diez minutos después, Iza está hablando por teléfono con su familia.

—¡Puedo tener una beca para estudiar en la Universidad de California y jugar al futbol! —dice Iza.
—¡Esa es mi Iza! —dice, feliz, su papá.

ACTIVIDADES
CAPÍTULO 3

---- 1 ----

Marca la respuesta correcta (✓).

1. ¿Cuántos años tiene Iza?
   a. Tiene diecisiete años. ☐
   b. Tiene dieciocho años. ☐
   c. Tiene diecinueve años. ☐

2. ¿Qué número lleva Iza?
   a. El número seis. ☐
   b. El número diez. ☐
   c. El número veintitrés. ☐

3. ¿Cuál es el apellido de Iza?
   a. González. ☐
   b. Goliza. ☐
   c. Flores. ☐

4. ¿Qué piensa Iza de la propuesta de Ricardo Flores?
   a. Piensa que es una gran oportunidad, pero antes quiere hablar con sus entrenadores. ☐
   b. Piensa que es una gran oportunidad, pero antes quiere hablar con sus padres. ☐

5. ¿Cómo reacciona el padre de Iza cuando su hija le da la noticia?
   a. Está feliz. ☐
   b. Está triste. ☐

Responde a las preguntas.

1. ¿Por qué es un día importante?

2. ¿Cuál es el resultado del partido?

3. ¿Cuántos goles marca Iza en ese partido?

4. ¿De dónde es la madre de Iza?

5. ¿En qué lenguas habla Iza con su madre?

6. ¿En qué lengua habla Iza con su padre?

7. ¿Qué otra lengua habla Iza?

8. ¿Qué le ofrece Ricardo Flores a Iza?

9. ¿Qué quiere estudiar Iza?

LA VIDA EN LA UNIVERSIDAD

Hoy es el primer día de Iza en la universidad y es todo nuevo para ella. ¡El campus de la universidad es muy bonito y grande! La vida en California es diferente de la vida en México, y todo es muy interesante, pero Iza extraña[1] a su familia, a sus amigos y a Azteca.

Iza va a su nueva habitación con todas sus cosas. Sabe que va a tener una compañera de habitación y está nerviosa.

Llama a la puerta. Una chica con el pelo castaño liso y los ojos azules abre la puerta. No es muy baja ni muy alta.

—Hi, I'm Iza —le dice Iza.

—Hi... Paula. Come in. —Iza nota un acento.

—By any chance, do you speak Spanish? —le pregunta Iza.

—Sí. —Paula responde en español, pero Iza ve que no es muy amable.

—Ah, okey. Yo también hablo español. Soy de México.

Hay silencio. Paula no responde.

—¿Qué estudias? —pregunta Iza.

—Tengo una beca para estudiar Medicina —responde Paula, impaciente.

—Oh, guau. Imagino que es muy interesante pero muy intenso, ¿verdad? Yo tengo una beca para jugar al futbol femenino.

—Futbol femenino... —dice Paula sarcásticamente[2]. Iza ve que Paula no está impresionada[3]—. Yo estoy aquí para estudiar y tengo que estudiar mucho. No tengo tiempo en este momento para hablar. —Paula abre un libro y se pone los audífonos[4].

"Esto no va a ser fácil", piensa Iza.

Los días pasan. Iza va a sus clases, estudia en la biblioteca, va a entrenar con su nuevo equipo de futbol y no pasa mucho tiempo en la habitación. No tiene mucho tiempo para otras cosas... La vida en la universidad es bastante estresante. Iza piensa mucho en su familia y extraña México.

Es domingo por la mañana. Iza está hablando con su familia por videollamada.

—¡¿Cómo estás, hija?! —pregunta su papá.

—¡Muy bien, papá! —dice Iza con falso entusiasmo[5]—. ¿Cómo están todos? ¿Cómo está mi Azteca? ¡Quiero ver a mi Azteca!

Iza ve a toda la familia por videollamada. Sus abuelos y sus tíos están en la mesa de la cocina con sus papás. Es un domingo

típico y toda la familia está reunida[6]. A Iza le gustaría estar con su familia.

—Tú sabes, *sweetheart*. Azteca come y duerme todo el día. *He's doing great!* —dice su mamá.

—¿Es tu nueva compañera? —pregunta el papá de Iza, que ve a Paula en la videollamada.

—Ah, sí. Se llama Paula y es muy simpática, pero no puede hablar ahora. —Iza no dice la verdad. En realidad, Paula no es una persona fácil e Iza no tiene una buena relación con ella, pero su familia no necesita saberlo—. Está estudiando para un examen de Medicina. Quiere ser doctora —dice Iza.

—Ah, okey. ¡Medicina! —exclama el papá de Iza.

Iza sale de la habitación con el teléfono. No quiere problemas con Paula. Camina por el campus y habla con su familia durante mucho tiempo. Habla de sus clases y de su nuevo equipo. Habla de su nueva rutina y de todo su trabajo. Después de una hora al teléfono con su familia, es difícil decir adiós. Está triste, pero tiene que prepararse para su entrenamiento de futbol.

Iza entrena a las once de la mañana con su nuevo equipo. Es un equipo muy diverso: hay jugadoras mexicanas como Iza, pero también hay jugadoras chinas, colombianas, coreanas, españolas, inglesas y de muchas otras nacionalidades. A Iza le gusta jugar en un equipo diverso, pero, como los entrenamientos son intensos, no hay mucho tiempo para socializar[7].

Por la tarde, después del entrenamiento, Iza está en su habitación.

—¿Puedes mover de ahí tus botas de futbol sucias[8]? —le dice Paula?

Las botas de futbol de Iza están cerca de la puerta porque tiene varios pares y no hay mucho espacio en la habitación, pero Paula es muy ordenada y no las quiere ver ahí.

"Solo me habla cuando hay algún problema", piensa Iza.

Pasan las semanas. Iza ve que Paula no tiene una vida muy activa: no hace deporte, no tiene vida social[9] y pasa sus días solo con los libros.

"Posiblemente tiene depresión y no sabe cómo tener vida social. Yo creo que necesita ayuda[10]", piensa Iza.

—Paula, te invito a uno de mis partidos de futbol —le dice Iza un día.
—Aiiish. No puedo. No tengo tiempo. Mañana tengo un examen importante. Tengo que estudiar —responde Paula muy seria con los ojos en un libro.
—Tengo un partido este domingo al mediodía. ¡Es aquí en el campus!

Iza sabe que es difícil convencer[11] a Paula. No es una persona fácil, pero piensa que es importante convencerla.

—No sé. Mmm... Puede ser.

"Voy a convencerla, pero tengo que ser paciente", piensa Iza.

ACTIVIDADES
CAPÍTULO 4

Contesta a estas preguntas.

1. ¿Cómo es el campus de la universidad?

2. ¿Qué extraña Iza?

3. ¿Cómo se llama su compañera de habitación?

4. ¿Qué ocurre los domingos en casa de la familia de Iza en México?

5. ¿Qué hace el perro Azteca todo el día?

6. ¿A qué hora es el entrenamiento de Iza?

7. ¿De qué países son sus compañeras del equipo de futbol?

8. ¿Cómo son los entrenamientos de Iza en la universidad?

Marca si estas afirmaciones se refieren a Iza, a Paula o a las dos.

Habla español.	Iza ☐	Paula ☐
Estudia Medicina.	Iza ☐	Paula ☐
Tiene una beca para jugar al futbol.	Iza ☐	Paula ☐
Tiene el pelo castaño y ojos azules.	Iza ☐	Paula ☐
Estudia mucho.	Iza ☐	Paula ☐
No es una persona fácil.	Iza ☐	Paula ☐
Es muy ordenada.	Iza ☐	Paula ☐
Quiere ser doctora.	Iza ☐	Paula ☐
Extraña a su familia y México.	Iza ☐	Paula ☐
Practica mucho deporte.	Iza ☐	Paula ☐
Nunca hace deporte.	Iza ☐	Paula ☐
Tiene varios pares de botas de futbol.	Iza ☐	Paula ☐

3

Completa con la información que da el capítulo sobre Paula.

Descripción física

Personalidad

Estudios

Tiempo libre

AMIGOS REPORTEROS EN CALIFORNIA

Dana viaja de Chicago a Los Ángeles (California) para visitar a su amiga María. Las dos tienen dieciséis años y son estudiantes. Pero, además, son reporteras y hacen reportajes sobre la cultura latina para la revista[1] de estudiantes *La Ventana*. En el futuro quieren ser periodistas profesionales.

Mañana van a ir a una zona de la ciudad de Los Ángeles, que se llama Boyle Heights, para hacer un reportaje sobre un proyecto de fotografía. En Boyle Heights viven muchos mexicanos y hay mucha cultura mexicana. Es septiembre y hay una celebración del Día de la Independencia de México.

María va al aeropuerto de Los Ángeles a buscar a Dana. ¡Hay mucha gente! Ve a una chica con el pelo largo y negro.

—¡Dana! —dice María con cariño—. ¡¿Cómo estás?!

—¡Hola, María! —responde Dana, alegre de ver a su amiga.

Las dos chicas se saludan con un beso, como los mexicanos, y con un abrazo, como los estadounidenses. Dana y María son mexicano-estadounidenses y tienen costumbres[2] de las dos culturas. El papá de Dana y la mamá de María son de México. Las dos chicas son bilingües y biculturales.

—¡Tengo una sorpresa! —dice María—. La celebración de Boyle Heights es mañana. ¡Hoy tenemos tiempo! ¡Quiero invitarte a un partido de futbol femenino! Es hoy a las seis de la tarde.

—¡Súper! ¡Vamos! —Dana no sabe mucho sobre el futbol femenino, pero está interesada.

Las chicas van al estadio Rose Bowl en Pasadena, cerca de Los Ángeles. Es un partido del equipo de la Universidad de California. Dana está impresionada. Las chicas juegan muy bien. Hay muchos aficionados[3] en el estadio y mucha energía. De repente:

—GOOOOOOAAAALLLLLL! —dice el comentarista.— *It's no surprise! Iza "Goliza" González scores!*

—¿Se llama Iza "Goliza" González? —pregunta Dana— Es muy buena, ¿verdad?

—¡Sí! —responde María—. No sé mucho sobre futbol femenino. Es un deporte completamente nuevo para mí, pero sé que Iza "Goliza" González juega superbién. ¡Estoy muy impresionada!

—¡Sí!, ¿verdad?

Dana está intrigada[4]. Quiere saber más sobre Iza y sobre el futbol femenino. ¡Piensa que es increíble!

Hay una chica cerca de Dana y María en el estadio que escucha su conversación, pero no dice nada. Es Paula, la compañera de habitación de Iza. Está secretamente feliz. "Guau. Es verdad. ¡Iza tiene un talento muy especial!", piensa.

Iza no sabe que Paula está en el estadio.

Cuando el partido termina, Dana y María van a casa de María. Tienen que dormir, pero no pueden. Hablan y hablan del partido de hoy y del talento de las jugadoras. Hablan en especial del talento de Iza.

Por la mañana, Dana y María se preparan para ir a Boyle Heights y hacer su reportaje sobre el proyecto de fotografía. Tienen que hablar del evento de hoy, pero ¡no pueden concentrarse! Conversan sin parar de lo increíble que es el futbol femenino. Las chicas trabajan en su evento de Boyle Heights, pero se hacen una promesa[5]: un día, van a hacer un reportaje sobre Iza.

—Tengo un amigo reportero de Puerto Rico —dice Dana—. Tiene un pódcast para *La Ventana* y está aquí en California para un partido de béisbol profesional. ¡Y quiere ayudarnos[6] con nuestro reportaje sobre la cultura latina en Los Ángeles!
—¡Qué buena onda![7] ¿Cómo se llama?
—Se llama Sebastián. Tiene dieciséis años, como nosotras.
—¿Y dices que es puertorriqueño?
—Sí, es de San Juan.
—¡Súper!

Las dos chicas toman un taxi de casa de María a Boyle Heights. En el parque de Boyle Heights hay mucha gente. También hay muchas bandas de música y mucha comida.

Dana recibe un mensaje de Sebastián:

Dana, estoy en el parque de Boyle Heights. ¿Dónde estás tú?

Estoy aquí también, con mi amiga María. Estamos en los tacos. Está tocando una banda mexicana.

Responde Dana.

Dos minutos más tarde...

—¡Dana! ¡Aquí estoy! —dice Sebastián. Lleva una camiseta de los Dodgers.

—¡Hola, Sebastián! ¿Cómo estás? ¡¿Qué tal el juego de béisbol?! —pregunta Dana.

Dana y Sebastián se saludan con un beso.

—¡Increíble! ¡Los Dodgers son un equipo fantástico! Tengo un reportaje excelente para el pódcast. Estoy muy contento —dice Sebastián.

—¡Qué bien! Sebastián, mira, te presento[8] a mi amiga María. Vive aquí en Los Ángeles.

—¡Mucho gusto! —dice Sebastián.

—¡El gusto es mío! —responde María—. Los Dodgers son un muy buen equipo de béisbol. Dice Dana que tienes un pódcast para *La Ventana* en Puerto Rico...

—¡Sí, exactamente!

Sebastián está nervioso. Le gustan los ojos negros y expresivos de María y piensa que es muy bonita. María nota que Sebastián está nervioso y mira a la banda, pero no a Sebastián. Es un poco tímida.

Los chicos no pueden hablar bien porque la música suena muy fuerte, así que escuchan la banda mexicana. Los músicos tocan la guitarra y cantan en español. La música es muy bonita y tiene buen ritmo.

Más tarde, Dana, María y Sebastián conocen a las chicas del proyecto Las Fotos Project. Estas chicas toman fotografías de los músicos, de la comida, del arte y de la gente en la celebración del Día de la Independencia de México. Es una buena historia para *La Ventana* porque en el grupo hay chicas de diferentes nacionalidades: hay chicas de origen mexicano, salvadoreño, guatemalteco y puertorriqueño.

—¿De dónde eres? ¿Y a qué te dedicas? —le pregunta Dana a una de las chicas, que tiene el pelo castaño y los ojos azules.
—Soy de Boyle Heights, pero mi papá es de origen guatemalteco y mi mamá es de origen alemán. Soy estudiante y, en las noches, trabajo de cocinera en un restaurante vietnamita que tiene una galería de arte. Me gusta mucho el arte.
—¡Qué interesante! ¿Y hablas otros idiomas?
—Sí, hablo inglés, español y un poco de alemán.

Dana opina[9] que el reportaje es muy interesante y creativo, pero también piensa en Iza. Piensa y piensa en el artículo sobre el futbol femenino. Imagina la entrevista[10] que le quieren hacer a Iza un día María y ella.

ACTIVIDADES
CAPÍTULO 5

Contesta a las siguientes preguntas.

1. ¿A qué hora es el partido de futbol?

2. ¿Dónde es?

3. ¿Quién más está en el estadio?

4. ¿Quién es Sebastián?

5. ¿De dónde es?

6. ¿A qué se dedica?

7. ¿Por qué está en California?

8. ¿Cuántos años tiene?

9. ¿Qué piensa Sebastián de los ojos negros de María?

10. ¿Cómo es la música en Boyle Heights?

11. ¿De qué países son las participantes de Las Fotos Project?

¿Qué significa la palabra "bicultural"? Explícalo con ejemplos del capítulo.

EL GRAN DÍA

Un año más tarde...

—¡Aguas! ¡Papitas! ¡Refrescos! —dice el vendedor.

—¿Qué refrescos[1] tiene? —pregunta Dana.

—¡Tengo Naranjitos, BurbuCola y Limo-Lima**, señorita!

—¿Y cuánto cuestan[2]?

—Ochenta pesos.

—Quiero un Naranjito y una BurbuCola, por favor.

—Son ciento sesenta pesos.

—¡Mé-xi-co! ¡Mé-xi-co! ¡Mé-xi-co! —dicen los aficionados del Estadio Azteca en Ciudad de México.

Hoy juegan México y los Estados Unidos. Es julio y es un partido de futbol femenino superimportante. ¡México necesita ganar para ir a la Copa Mundial Femenina!

Dana está especialmente feliz. Quiere ver a Iza González, que juega en la selección[3] mexicana!

** Estos nombres de marcas son inventados.

Dana mira su dinero[4]. Tiene dólares estadounidenses y pesos mexicanos.

—Espéreme un momento —dice Dana al vendedor. Tiene que fijarse bien en las monedas. Ella vive en Chicago y está acostumbrada[5] a los dólares, no a los pesos mexicanos.

El estadio es un mar de verde, blanco y rojo, los colores de México. Dana está con su papá, que es mexicano y está allí por trabajo. Es el director de una compañía internacional. El papá de Dana lleva una camiseta de México, y Dana lleva una camiseta de los Estados Unidos.

—¡Mé-xi-co! ¡Mé-xi-co! ¡Mé-xi-co! —dicen los aficionados.

—¿Qué refresco quieres, papá? ¿Naranjito o BurbuCola?
—Ja, ja. Yo sé que te gusta más la BurbuCola. Dame el Naranjito —dice su papá.
—Okey, gracias —dice Dana, y le da el Naranjito a su papá. Es verdad, a ella le gusta más la BurbuCola. La fórmula del refresco de BurbuCola mexicana es diferente de la cola estadounidense y a Dana le encanta.

Dana y María están en México para hablar con Iza "Goliza" González y hacer un reportaje para *La Ventana*. María va a tomar fotos de la conversación. Dana está un poco nerviosa. ¿Va a ser posible hablar con Iza? No está segura[6]. ¡Iza González es una jugadora muy famosa[7]!

—¡Adiós, papá! —dice Dana. Toma el resto de su refresco porque hace mucho calor—. Son las cinco y media. ¡Voy a ver a María en las concesiones[8]!

—Adiós, hija. ¡Gracias por el refresco!

—¡Sí, se puede! ¡Sí, se puede! ¡Sí, se puede! —gritan los aficionados mexicanos.

Como Iza, hay varias jugadoras mexicano-estadounidenses en el partido. Iza juega para la Universidad de California en los Estados Unidos y también para la selección nacional de México.

Dana y María tienen muchas preguntas para Iza. Quieren saber cosas sobre la vida de las jugadoras de futbol. ¿Tienen ayuda de sus familias y comunidades? ¿Es difícil ser deportista profesional? ¿Reciben un salario[9] igual al de los jugadores del equipo masculino?

En ese momento, en la Universidad de California...

Paula está en la habitación. Tiene que estudiar para un examen, pero sabe que hoy es el gran partido. Estudia un poco para su examen, pero no mucho. A ratos[10], ve el partido.

"Increíble. ¡Es verdad! ¡Mi compañera de habitación es una jugadora profesional de futbol!", piensa Paula. Está nerviosa, pero también feliz.

ACTIVIDADES
CAPÍTULO 6

---------- **1** ----------

Indica si estas afirmaciones son verdaderas (✓) o falsas (✗).

1. El partido es en el Estadio Azteca de Ciudad de México. ☐

2. En el estadio, los refrescos cuestan setenta pesos. ☐

3. Estamos en el mes de junio. ☐

4. México juega contra los Estados Unidos. ☐

5. Dana y María están en México para hablar con Iza. ☐

6. Paula está en el estadio. ☐

---------- **2** ----------

Corrige las frases incorrectas de la actividad 1.

Completa estas frases con los siguientes verbos.

tienen | es | juegan | está | ve | lleva | le gusta | hay | están

a. Hoy _____ México y los Estados Unidos. Es un partido de futbol femenino superimportante.

b. El papá de Dana _____ una camiseta de México.

c. A Dana _____ mucho la Colita-Loca.

d. El papá de Dana _____ el director de una compañía internacional.

e. Dana y María _____ en México para hablar con Iza.

f. Antes de la entrevista, Dana _____ un poco nerviosa.

g. En el partido _____ varias jugadoras mexicano-estadounidenses como Iza.

h. Dana y María _____ muchas preguntas para Iza.

i. Paula _____ el partido en la televisión.

Dana y María tienen esta duda sobre las jugadoras de futbol profesional: "¿Reciben un salario igual al de los jugadores del equipo masculino?". Busca información sobre este tema y escribe algunos datos.

DANA Y SUS
AMIGOS REPORTEROS

Dana está en el puesto de comida. Son las cinco cuarenta y cinco de la tarde y María no responde a sus mensajes ni responde al teléfono. ¿Dónde está? Hay muchas mujeres cerca del baño, y piensa que María posiblemente está en el baño. De repente escucha:

—¡¿Dana?! ¡¿Qué haces aquí?!

—¡¿Sebastián?! ¡¿Qué haces TÚ aquí?! ¡Qué SORPRESA! —dice Dana. "¡Ahora es más alto!", piensa sorprendida.

—¡¿Cómo estás?! —le pregunta Sebastián. Se saludan con un beso y se dan un abrazo. Sebastián lleva la camiseta de México.

—¡Súper! —responde Dana—. Estoy aquí con mi papá y voy a ver a mi amiga María. Queremos hablar con una jugadora del equipo de México. María va a tomar las fotos, pero no la encuentro. No contesta los mensajes ni las llamadas. ¡No sé dónde está!

—¡Oh! ¿Y cómo está María? ¿Todavía vive en Los Ángeles? —dice Sebastián, nervioso. Dana ve que Sebastián está nervioso y sabe que le gusta María.

—Sí, todavía. ¿Y tú? ¡¿Qué onda[1]?! ¿Qué haces en un juego de futbol femenino? A ti te gusta el béisbol, ¿no? —pregunta Dana.

—Vengo con mi amigo Julián. ¡Su hermana juega en el equipo de México! Y sí, me gusta mucho el béisbol, pero el futbol femenino también es interesante.

—¡Ándale![2] ¡Qué coincidencia[3]! —responde Dana, interesada—. ¿Quién es la jugadora? ¿Cómo se llama?

—Se llama Iza González.

—¡¿En serio?![4] ¡¿Iza "Goliza" González?! ¡Queremos hablar con ella! Estudia en la Universidad de California, ¿no? ¿Puedes ayudarnos?

—¡Con mucho gusto! No hay problema. Mi amigo, el hermano de Iza, es muy simpático. Iza también es muy amable —dice Sebastián.

—¡Muchísimas gracias! ¡Qué buena onda! Estoy muy nerviosa. María y yo llevamos un año con el plan de hablar con Iza.

—¿En serio? ¡Increíble!

—Sebastián, ¿quieres trabajar con nosotras? Tienes el pódcast de *La Ventana* en Puerto Rico todavía, ¿no? —pregunta Dana—. Puedes hacer un pódcast sobre el futbol femenino. ¡Y también podemos hacer un video!

—¡Qué buena idea! Tengo mi micrófono aquí. Estoy preparado siempre. ¡Ja, ja! —Sebastián piensa en María. Piensa que es una buena oportunidad de hablar con ella.

En ese momento, Dana ve a María. Está muy bonita. Lleva lentes[5]. Dana está acostumbrada a verla con lentes de contacto[6].

—¡María! —dice Dana—. ¡Te ves muy bien! ¡Me gustan tus lentes! ¡Muy sofisticados[7]!

—¡Ah, gracias! ¿Cómo estás, amiga? —dice María—. ¡Qué bueno verte aquí! ¡Mi celular[8] no tiene pila[9]! Aaaiiish. Tengo problemas con mi celular todos los días.

Dana y María se saludan con un beso y se dan un abrazo.

—¡Ah, okey! ¡No hay problema! —Dana está feliz.

—¡Hola, María! —dice Sebastián. A Sebastián también le gustan los lentes de María. Piensa que sus ojos se ven muy expresivos.

—¡¿Sebastián?! ¡¿Qué haces aquí en México?!

Sebastián y María se saludan con un beso. Sebastián se sonroja[10]. María también.

—¡María! ¡Es increíble! Sebastián está de visita para ver a su amigo Julián. ¡¿Y sabes qué?! ¡Julián es el hermano de Iza González!

—¡¿Qué?! ¡Increíble! ¡¿Puedes conectarnos[11] con ella?!

—¡Con mucho gusto!

—Perdón. Necesito ir al baño —interrumpe Dana.

María y Sebastián están solos. Están nerviosos. Ven el partido y esperan a Dana. María no mira a Sebastián a los ojos.

—Yo sé que te gusta el béisbol, pero ¿también te gusta el futbol femenino, Sebastián? —pregunta María.

—Sí, el futbol femenino profesional también es muy interesante, pero no sé mucho. Estas jugadoras son muy ágiles y tienen mucho talento. ¡Honestamente, estoy impresionado! —responde Sebastián un poco más tranquilo.

—El futbol femenino es increíble —dice María, también más tranquila—. No es tan popular como el futbol masculino, pero ahora hay más oportunidades para las nuevas generaciones. Dana y yo queremos hacer un reportaje sobre el futbol femenino profesional. ¡Pienso que es un tema muy importante!

María y Sebastián hablan y hablan sobre el futbol femenino y sobre el partido. Sebastián está contento de hablar con María. María también está emocionada de hablar con Sebastián y por la oportunidad de hablar con Iza.

Pasan[12] diez minutos. ¿Dónde está Dana? Ah, en el baño...

ACTIVIDADES
CAPÍTULO 7

Responde a las preguntas.

1. ¿Qué hora es al principio del capítulo?

2. ¿Con quién se encuentra Dana en las concesiones?

3. ¿Qué le pasa al teléfono de María?

4. ¿Qué le explica María a Sebastián sobre el futbol femenino?

5. ¿Por qué María quiere hacer un reportaje sobre el futbol femenino con Dana?

6. ¿Quién les va a ayudar a hablar con Iza?

2

Marca la respuesta correcta.

1. **¿Cómo se saludan Dana y Sebastián?**
   a. Con un beso. ☐
   b. Con un abrazo. ☐
   c. Con un beso y un abrazo. ☐

2. **¿Por qué está nervioso Sebastián?**
   a. Porque le gusta María. ☐
   b. Porque el juego está a punto de empezar. ☐
   c. Porque tiene que escribir un reportaje. ☐

3. **¿Qué relación tiene Sebastián con Iza?**
   a. Es su hermano. ☐
   b. Es su amigo. ☐
   c. Es amigo de su hermano. ☐

4. **¿Qué es diferente en María?**
   a. No lleva lentes. ☐
   b. Lleva el pelo más corto. ☐
   c. Lleva lentes nuevos. ☐

5. **¿Por qué está impresionado Sebastián?**
   a. Porque las jugadoras de futbol femenino ganan mucho dinero. ☐
   b. Porque las jugadoras de futbol femenino son muy ágiles
      y tienen mucho talento. ☐
   c. Porque las jugadoras de futbol femenino son muy valientes. ☐

8

EL GOL DE SU VIDA

Son las seis de la tarde. El descanso[1] va a terminar[2]. Los dos equipos están listos para la segunda parte[3] del partido. El marcador señala cero a cero. ¡Qué nervios!

Dana le manda[4] un mensaje a su papá: "Estoy con María y un amigo puertorriqueño. ¡Mi amigo es reportero! Todo está bien".
Su papá está con sus amigos del trabajo. Responde a Dana que no hay problema.

Los chicos caminan por el estadio para ir a ver a Julián, el amigo de Sebastián. ¡Hay muchos aficionados mexicanos! También hay muchos vendedores de refrescos y papitas. Finalmente, ven a Julián.

—Mucho gusto. Soy Julián —dice el amigo de Sebastián. Julián lleva barba y tiene los ojos verdes y muy expresivos.
—Hola, Julián. Mucho gusto, soy María.

—Y yo soy Dana, ¡mucho gusto! Sebastián dice que tu hermana es jugadora del equipo mexicano.

—Sí, ¡es Iza González!

—¡Sí! ¡Juega increíble! ¡Es una excelente futbolista! Queremos hablar con ella. Somos amigas de Sebastián y trabajamos para la revista *La Ventana*.

—Sí, yo sé. ¿De dónde eres? —pregunta Julián. Julián ve la camiseta de Dana y piensa: "Ella lleva la camiseta de los Estados Unidos. ¿Es estadounidense?".

—Soy de Chicago, pero mi papá es de México. Ustedes son de una familia multicultural también, ¿no? —responde Dana, que ve como Julián mira su camiseta estadounidense con curiosidad.

—Ah, ¡qué bien! Sí, mi hermana y yo somos de origen mexicano y estadounidense. Hablamos español, inglés y tzotzil. El tzotzil es una lengua maya.

—¡Qué interesante! ¿Y viven en México? —pregunta Dana.

—Somos de Chiapas. La familia de mi papá es maya. Y mi mamá es de los Estados Unidos, de Nueva York. Mi hermana, Iza, estudia en la Universidad de California, pero pasa tiempo en México con el equipo nacional. Y yo vivo en Chiapas, cerca de mis papás y mis abuelitos.

—¡Ah, qué buena onda! —dice Dana—. Oye, Julián, ¿puedes conectarnos con tu hermana?

—¡Sí, claro! Después del partido —dice Julián.

—¡Ay, mil gracias! —dice Dana.

En ese momento, una jugadora del equipo de México recibe una tarjeta amarilla[5].

—¡¡¡UUUUUUHHH!!! —dicen los aficionados mexicanos.

Por el momento, no hay goles. "El juego va a terminar cero a cero. ¿Dónde están los goles?", piensa Dana.

Dana, Sebastián, María y Julián ven el partido. Están un poco impacientes y nerviosos. Iza, la número diez, corre muy rápido por el estadio. Es muy ágil y juega muy bien. Pero las jugadoras estadounidenses quieren bloquear[6] el balón[7]. ¡Son muy rápidas y ágiles también!

Es el minuto ochenta y nueve. Dana no puede ver bien a Iza. Tampoco puede ver el balón. ¿Quién tiene el balón? ¡Qué nervios! Hay muchas jugadoras estadounidenses cerca de Iza. ¡Todas corren muy rápido, pero...

—¡¡¡GOOOOOOLLLLLL!!! ¡¡¡GOOOOOOOOOLLLLLLLLLLL para MéxicOOOOOOOOOOOOOOOOO!!! —dice el comentarista[8].

¡Una jugadora del equipo de México marca un gol! "¿Quién es? ¡¿Es Iza?!", piensa Dana.

—¡¡¡GOL DE IZA "GOLIZA" GONZÁLEZ!!! —dice el comentarista.
—¡¡¡MÉ-XI-CO!!!, ¡¡¡MÉ-XI-CO!!!, ¡¡¡MÉ-XI-CO!!! —El estadio explota de emoción.

Los aficionados del equipo mexicano están muy felices. Es una sorpresa fantástica. ¡El gol más importante de la vida de Iza!

El partido termina: México, uno, los Estados Unidos, cero. Es oficial: ¡México puede ir a la Copa Mundial Femenina! Dana está feliz porque es el momento perfecto para la entrevista.

En ese momento se escucha música de reguetón en el estadio. Es la música de Daddy Yankee, un cantante puertorriqueño.

—¡Daddy Yankee! Me gusta mucho su música —dice Sebastián.

—¡Esta es una de mis canciones favoritas! —dice Julián.

En ese momento, en la Universidad de California...

—¡¡¡Gooooolllll de México!!! ¡Iza Goliza! ¡Eso es, mi Iza!

Paula está viendo el partido en la televisión. Salta[9] y grita[10] de alegría. Es un momento superimportante. Ahora no lee ni estudia.

ACTIVIDADES
CAPÍTULO 8

Lee la descripción de Julián en la página 58. ¿Cuál de estas personas es Julián?

Contesta a estas preguntas.

1. ¿Qué lenguas habla Julián?

2. ¿Qué es el tzotzil?

3. ¿De qué ciudad es la madre de Iza y Julián?

4. ¿Dónde vive Julián?

5. ¿Quién vive allí también?

6. ¿Cuándo van a poder conocer las chicas a Iza?

7. ¿Por qué están todos tan nerviosos?

8. ¿Qué número lleva Iza en su camiseta?

9. ¿Quién marca un gol al final del partido?

9

LA ENTREVISTA

Los tres reporteros están con Julián e Iza cerca de los vestidores¹ del estadio. No hay aficionados. Todo está en silencio². Es de noche y hace un poco de frío³ a esta hora.

—Esta es mi hermana —dice Julián. Iza saluda a todos.

—Hola, Sebastián, ¡qué gusto verte aquí! —dice Iza.

—Hola, Iza. ¡Felicidades! —dice Sebastián.

—¡Hola, mucho gusto! Soy Dana, y esta es mi amiga María. Somos reporteras para la revista *La Ventana* en los Estados Unidos —dice Dana a Iza.

—Gracias por hablar con nosotros —dice Sebastián—. ¡Imaginamos que estás muy cansada!

—No hay problema. Es normal. Y me gusta hablar sobre mis pasiones. Vamos a los vestidores. Allá hay un espacio⁴ con sillas⁵ para hablar.

Los reporteros van con Iza y su hermano, Julián, a los vestidores. Preparan el micrófono y la cámara para la entrevista. Las otras jugadoras salen de los vestidores.

—¡El nombre del restaurante es Costanera! ¡Es peruano! —dice una jugadora a Iza.

—¡Okey! ¡Gracias! ¡Necesito media hora! —dice Iza. Después de la entrevista hay una celebración con el equipo.

—¿De dónde son ustedes? —pregunta Iza, con curiosidad, a Dana y María.

—Yo soy de Chicago y María es de Los Ángeles —dice Dana.

—Ah, okey. ¡Yo estudio en la Universidad de California! —dice Iza.

—¡Sí! ¡Sabemos! —dice María.

—Un momento. —Iza recibe un mensaje de Paula: "¡¡GOOOOOOLLLLLLLLL!!!"—. ¡Perdón! Es mi amiga, mi compañera de habitación de la universidad. —Iza está feliz.

—No hay problema —responde Dana.

—Okey. ¡Estoy lista! Ja, ja. —Iza pone su teléfono en silencio[6].

—¡Imaginamos que estás muy emocionada! —dice Dana.

—Sí, los Estados Unidos es un equipo muy bueno. Son jugadoras muy ágiles, muy técnicas. El gol en el último minuto... ¡UUUYYYY! ¡Una increíble FORTUNA! ¡Es el gol de mi vida!

—¡Sí! ¡Impresionante! —responde Dana— Iza, estamos interesados en saber más de tu vida. Queremos saber más de tus experiencias.

—¡Sí, con mucho gusto! —dice Iza—. Juego para la Universidad de California y tengo esta oportunidad de jugar con el equipo nacional de México. ¡Es espectacular! Es mucho trabajo y mucho sacrificio, pero ¡es fantástico! Estoy muy contenta.

—¿Es difícil ser jugadora de futbol femenino? —pregunta Dana.

—Sí, no es fácil. El futbol femenino tiene sus problemas, especialmente con los salarios y beneficios[7]. No es como el futbol masculino. Hay países con equipos femeninos nacionales que no pueden pagar bien a las jugadoras. Muchas jugadoras necesitan tener otros trabajos para conseguir un sueldo[8] digno[9]. Yo soy afortunada porque tengo una beca en una buena universidad, pero hay jugadoras que no pueden estudiar y jugar. Necesitan recibir un salario. Es muy difícil para ellas.

—¿Y cuál es la solución? —pregunta Dana.

—El futbol femenino necesita inversionistas[10]. Mi gol hoy en el juego fue superimportante, pero ¡también tengo otro objetivo importante! Mi otro objetivo es tener más inversión[11] en el futbol femenino en México y en otros países —explica Iza—. Con mi familia tenemos una fundación para el futbol femenino. Se llama La Goliza. Las donaciones[12] pagan los sueldos de las jugadoras.

—¡Qué interesante! ¿Y de qué organizaciones son los inversionistas? ¿Hay inversionistas mexicanos? —pregunta Dana.

—Sí. Tenemos a BurbuCola y a Naranjito. También tenemos a varias otras organizaciones mexicanas como Taca-tacas y Nopaliza***.

—¡Ah, sí! ¡Me gusta mucho la Nopaliza! Es deliciosa y también es excelente para la digestión[13] —dice Dana.

—Sí, ja, ja. Todas las jugadoras del equipo tomamos Nopaliza. ¡Es muy buena y tiene muchas vitaminas! Las organizaciones

---

*** Los nombres de estas compañías son ficticios.

mexicanas dan donaciones exclusivamente al equipo de México, pero hay muchas otras organizaciones internacionales que dan donaciones al futbol femenino en general.

—¿Y cómo saben estas organizaciones de tu fundación? ¿Cómo saben de La Goliza? —pregunta María.

—¡Hablar con reporteros es muy importante! ¡Especialmente hoy, después de un partido tan importante para mi equipo! ¡Es una excelente oportunidad! —responde Iza.

ACTIVIDADES
CAPÍTULO 9

Contesta a estas preguntas.

1. ¿Dónde hacen la entrevista?

2. ¿Qué van a hacer las jugadoras mexicanas después del partido?

3. ¿Quién envía un mensaje de texto a Iza?

4. ¿Qué frase usa Iza para decir que el gol contra los Estados Unidos es único?

5. ¿Es difícil ser jugadora de futbol femenino según Iza?

6. ¿Qué necesitan las jugadoras de futbol según Iza?

7. ¿Qué es La Goliza?

8. ¿Qué inversionistas tiene ya?

Busca información sobre una jugadora de futbol profesional y prepara una breve presentación.

Aitana Bonmatí es una jugadora
del Futbol Club Barcelona...

EL REPORTAJE

Cuatro semanas más tarde[1]...

—Dana, ¿puedes hablar? —dice Sebastián por teléfono.

Es agosto y Dana está estudiando en casa, en Chicago. Es su último año de preparatoria y después quiere estudiar periodismo en la Universidad de California con María. ¡Tiene que ser muy disciplinada para entrar en esta universidad!

—Sí, puedo hablar. ¿Cómo estás? ¿Qué necesitas? —pregunta Dana.
—Necesito hablar con ustedes. ¿Puedes conectar con María?
—Sí. —Dana escribe a María: "María, ¿cómo estás? ¿Estás en la escuela? ¿Puedes hablar?".

Hay dos horas de diferencia entre Chicago y Los Ángeles. Y hay cuatro horas de diferencia entre Puerto Rico y Los Ángeles.

—Sí, no hay problema. Estoy en la cafetería —responde María.

Los tres amigos se conectan por videollamada.

—¡Chicas! —dice Sebastián—. ¡Nuestra entrevista con Iza tiene más de 50 000 visitas[2]!

—¡Increíble! —Dana entra en la aplicación, pero la conexión es lenta[3] y tarda[4] un minuto en conectarse.

—¿Dana? ¿Qué ves? —pregunta Sebastián, impaciente.

—Un momento. ¡Mi computadora[5] es lenta! —Dana está supernerviosa. Ve que el video tiene 50 125 visitas en una semana—. ¡Increíble! ¡Tenemos que hablar con Iza!

Dana añade[6] a Iza a la videollamada. Tienen que ser pacientes. Iza está en México. Con cuatro personas conectadas, la conexión no es muy buena en este momento.

—¡Iza! ¿Cómo estás? ¿Tienes un momento para hablar? —pregunta Dana.

—Tengo un ratito, sí. ¿Cómo están? —Iza está en los vestuarios preparándose para un entrenamiento.

—¡Nuestro reportaje es famoso! ¡Hay más de 50 000 visitas!

La videollamada se corta[7] un poco. Iza no escucha muy bien.

—¿Qué? ¿Cuántas visitas? —pregunta.

—¡Más de cincuenta mil! ¿Hay nuevas inversiones en La Goliza? —pregunta Dana.

—A ver, déjenme revisar... —dice Iza.

Iza ve la página de la fundación en su teléfono. Hay silencio en la videollamada. Pasa un minuto. Es un minuto muy largo. Es un minuto eterno. La cara de Iza tiene una expresión impaciente. Un momento después…

—¡Hay nuevas inversiones! ¡Hay una inversión de 200 000 dólares de un donador anónimo! ¡Hay otra de 100 000 dólares! —exclama Iza, feliz.

—¡¿En serio?! —dice Sebastián.

—¡¿De verdad[8]?! —dice María.

—¡La entrevista es un éxito[9]! ¡Qué felicidad[10]! —dice Dana.

¡¡¡Qué GOLIZA!!!

ACTIVIDADES
CAPÍTULO 10

Contesta a estas preguntas.

1. ¿En qué año escolar está Dana?

2. ¿Qué quiere estudiar Dana y en qué universidad?

3. ¿Cuántas horas de diferencia hay entre Chicago y Los Ángeles?

4. ¿Y entre Puerto Rico y Los Ángeles?

5. ¿Dónde está María?

6. ¿Cuántas visitas ha tenido la página de la entrevista en una semana?

7. ¿Con quién habla Dana por videollamada?

8. ¿Cuál es el resultado para la Fundación La Goliza?

Escribe los siguientes eventos de la historia en el lugar correspondiente de la línea temporal.

1. Dana está con su padre en el estadio de Ciudad de México.
2. Iza cumple trece años.
3. Iza y Paula se conocen en la universidad.
4. Sebastián y María hablan mucho sobre futbol femenino.
5. El equipo de Iza gana la Copa Mundial Femenina.
6. Iza tiene diez años y juega a futbol con los niños.
7. Dana y María hacen un proyecto para *La Ventana* en Boyle Heights.
8. El reportaje de *La Ventana* tiene muchas visitas.
9. Iza habla con Ricardo Flores, de la Universidad de California.
10. Dana, María y Sebastián hacen una entrevista a Iza.

PRINCIPIO

1

2

3

4

5

6

7

8

9

10

FINAL

GLOSARIO

CAPÍTULO 1			
CASTELLANO	INGLÉS	FRANCÉS	ALEMÁN
1. estar despejado	be clear	être dégagé	wolkenlos sein
2. calor	hot	(il fait) chaud	(es ist) heiß
3. grado	degree	degré	Grad
4. campo de futbol	football pitch	terrain de foot	Fußballplatz
5. equipo	team	équipe	Mannschaft
6. primo/-a	cousin	cousin/-e	Cousin/-e
7. entrenamiento	training	entraînement	Training
8. esforzarse	make an effort	faire des efforts	sich anstrengen
9. Goliza	Goal Haul	Pluie de buts	Torflut
10. marcar	score	marquer	schießen
11. media	sock	collant	Socken
12. agotado/-a	exhausted	épuisé/e	erschöpft
13. entrenador/-a	coach	entraîneur/-euse	Fußballtrainer
14. maleducado/-a	rude	mal élevé/-e	frech
15. celoso/-a	jealous	jaloux/-ouse	eifersüchtig
16. valiente	brave	courageux/-euse	mutig
17. defenderse	stand up for oneself	se défendre	sich wehren

CAPÍTULO 2			
CASTELLANO	INGLÉS	FRANCÉS	ALEMÁN
1. cumpleaños	birthday	anniversaire	Geburtstag
2. patio	courtyard	cour	Hof
3. abuelos	grandparents	grands-parents	Großeltern
4. feliz cumpleaños	happy birthday	joyeux anniversaire	Alles Gute zum Geburtstag
5. abrazar	hug	serrer dans les bras	umarmen
6. entrenar	train	s'entraîner	trainieren
7. cariñoso/-a	affectionate	affectueux/-euse	lieb
8. llevar	live	habiter	leben
9. mezclar	mix	mélanger	mischen

CAPÍTULO 3

CASTELLANO	INGLÉS	FRANCÉS	ALEMÁN
1. torneo	competition	tournoi	Turnier
2. cancha	field	terrain	Spielfeld
3. mucho gusto	nice to meet you	enchanté/-e	freut mich
4. cumplir	be	avoir	werden
5. beca	grant	bourse	Stipendium

CAPÍTULO 4

CASTELLANO	INGLÉS	FRANCÉS	ALEMÁN
1. extrañar	miss	manquer	vermissen
2. sarcásticamente	sarcastically	d'un ton sarcastique	sarkastisch
3. impresionado/-a	impressed	impressionné/-e	beeindruckt
4. audífono	headphone	écouteur	Kopfhörer
5. entusiasmo	enthusiasm	enthousiasme	Begeisterung
6. reunido/-a	gathered	réuni/-e	zusammenkommen
7. socializar	socialise	rencontrer des gens	sozialisieren
8. sucio/-a	dirty	sale	schmutzig
9. vida social	social life	vie sociale	Sozialleben
10. ayuda	help	aide	Hilfe
11. convencer	convince	convaincre	überzeugen

CAPÍTULO 5

CASTELLANO	INGLÉS	FRANCÉS	ALEMÁN
1. revista	magazine	magazine	Zeitschrift
2. costumbre	custom	habitude	Sitte
3. aficionado/-a	fan	aficionado/-a	Fan
4. intrigado/-a	intrigued	intrigué/-e	neugierig
5. promesa	promise	promesse	Versprechen
6. ayudar	help	aider	helfen
7. presentar	introduce	présenter	vorstellen
8. opinar	think	penser	denken
9. entrevista	interview	interview	Interview

CAPÍTULO 6

CASTELLANO	INGLÉS	FRANCÉS	ALEMÁN
1. refresco	soft drink	boisson	Getränk
2. costar	cost	coûter	kosten
3. selección	national team	sélection	Nationalmannschaft
4. dinero	money	argent	Geld
5. estar acostumbrado/-a	be used to	être habitué/-e	gewohnt sein
6. estar seguro/-a	be sure	être sûr/-e	sicher sein
7. ¡Qué buena onda!	Awesome!	Super !	Genial!
8. famoso/-a	famous	célèbre	berühmt
9. concesión	bar	buvette	Bar
10. salario	salary	salaire	Gehalt
11. a ratos	at times	par moments	ab und an

CAPÍTULO 7

CASTELLANO	INGLÉS	FRANCÉS	ALEMÁN
1. ¿Qué onda?	How are you?	Ça va ?	Wie geht's?
2. ¡Ándale!	Wow!	Waouh !	Wow !
3. coincidencia	coincidence	coïncidence	Zufall
4. ¿En serio?	Seriously?	Vraiment ?	Wirklich?
5. lentes	glasses	lunettes	Brille
6. lente de contacto	contact lens	lentille	Kontaktlinsen
7. sofisticado/-a	sophisticated	sophistiqué/-e	stylish
8. celular	mobile telephone	portable	Handy
9. pila	battery	batterie	Batterie
10. sonrojarse	blush	rougir	rot werden
11. conectar	put in touch	mettre en contact	bekannt machen
12. pasar	go by	passer	vergehen

CAPÍTULO 8

CASTELLANO	INGLÉS	FRANCÉS	ALEMÁN
1. descanso	halftime	pause	Halbzeit
2. terminar	end	terminer	enden
3. segunda parte	second half	deuxième mi-temps	zweite Halbzeit
4. mandar	send	envoyer	schicken
5. tarjeta amarilla	yellow card	carton jaune	gelbe Karte
6. bloquear	block	bloquer	blockieren
7. balón	ball	ballon	Ball
8. comentarista	commentator	commentateur/-trice	Kommentator
9. saltar	jump	sauter	springen
10. gritar	shout	crier	schreien

CAPÍTULO 9

CASTELLANO	INGLÉS	FRANCÉS	ALEMÁN
1. vestidor	dressing room	vestiaire	Ankleideraum
2. silencio	silence	silence	still
3. frío	cold	froid	kalt
4. espacio	space	endroit	Platz
5. silla	chair	chaise	Stuhl
6. en silencio	on silent	en mode silencieux	stumm schalten
7. beneficio	benefit	bénéfice	Gewinn
8. sueldo	salary	salaire	Lohn
9. digno/-a	decent	digne	fair
10. inversionista	investor	investisseur/-euse	Investor
11. inversión	investment	investissement	Investition
12. donación	donation	don	Spende
13. digestión	digestion	digestion	Verdauung

CAPÍTULO 10			
CASTELLANO	INGLÉS	FRANCÉS	ALEMÁN
1. más tarde	later	plus tard	später
2. visita	hits	vue	Klicks
3. lento/-a	slow	lent/-e	langsam
4. tardar	take	tarder	brauchen
5. computadora	computer	ordinateur	Computer
6. añadir	add	ajouter	hinzufügen
7. cortarse	be cut off	être entrecoupé/-e	unterbrechen
8. de verdad	really	c'est vrai	wirklich
9. éxito	success	succès	Erfolg
10. felicidad	happiness	joie	Glück